Made in the USA
Monee, IL
27 September 2020

43434657R00056